사랑에 나이가 무슨 대수냐

사랑에 나이가 무슨 대수냐

발행일	2025년 11월 7일
지은이	김경환
펴낸이	손형국
펴낸곳	(주)북랩

출판등록 2004. 12. 1(제2012-000051호)
주소 서울특별시 금천구 가산디지털 1로 168, 우림라이온스밸리 B동 B111호, B113~115호
홈페이지 www.book.co.kr
전화번호 (02)2026-5777   팩스   (02)3159-9637

ISBN 979-11-7224-937-3 03810(종이책)   979-11-7224-938-0 05810 (전자책)

잘못된 책은 구입한 곳에서 교환해드립니다.
이 책은 저작권법에 따라 보호받는 저작물이므로 무단 전재와 복제를 금합니다.
본 도서는 (주)북랩이 보유한 리코 인쇄 장비 등 자체 생산 인프라를 통해 제작되었습니다.

작가 연락처 문의 ▶ ask.book.co.kr
전용 게시판에 문의를 남기시면 저자에게 직접 전달됩니다.

(주)북랩 성공출판의 파트너
북랩 홈페이지와 SNS에서 다양한 출판 솔루션을 만나 보세요!

홈페이지 book.co.kr   •   블로그 blog.naver.com/essaybook   •   **출판문의** text@book.co.kr
카톡채널 북랩

西星 김경환
제10시집

사랑에 나이가
무슨 대수냐

김경환 시집

 북랩

시인의 말

　사람들은 직장생활 하다 보면 직장동료에서 인연으로 사내커플이 되고 사내커플 안에서도 상사와 부하 직원으로 되고, 같은 직장동료끼리 되고, 옆 부서의 직원과의 사내커플로 지내기도 합니다, 동창회에서 만난 우정에서 연인으로 사랑을 나눌 수 있는 세상 이야기입니다. 하지만 우리 인간들은 남의 사랑 이야기를 자신과의 연관이 없는데 불구하고 관심을 가지고 있습니다. 그 관심을 왜 가지고 있는지 개인적으로 궁금한 적도 있습니다. 요즘은 사랑에 나이가 무슨 대수냐 그런 생각이 들 때는 바로 연상연하 커플, 연하연상 커플 보면요. 그런 생각이 듭니다. 나이 차도 연예인이든 일반 사람들도 더 많은 나이 차는 연상연하 커플은 사랑하는 여인이 나이 차 7살부터 10살까지 차이 나는 커플이 있습니다. 근데 불구하고 남들이 여자들은 나이가 많으면 2세 낳기 힘들다고 만나지 말라고 권유하는 사람들이 내 주변에 있습니다. 근데 왜 내 인생인데 남들이 무슨 오지랖으로 이야기를 하는지 모르겠습니다. 나이 상관 없이 그 여인을 사랑하니깐 그 여인이 있으면 제가 행복할 것 같으니 내 주변에는 응원을 해 주고 다른 말을 하지 말아주세요 그런 말을 당당하게 하고 싶어요

남자들은 어린 여자들을 만나면 그 남자들에게 대단한 사람이라고 칭찬을 하는 사람들이 많습니다. 능력자라고 이야기하며 어떻게 만난 이야기를 듣고 싶어 하는 사람들이 많습니다.

저도 개인적 7살 차이나는 관심 갖고 좋아하는 그이. 이제는 놓치기 싫은 맘이 가득 넘쳐서인지 누군가

아무 말 없어도 개인적으로 걱정스러운 말 때문에 머릿속에 맴돌아 자괴감을 빠질 때가 많아서인지 선뜻 좋아한다고 우리 사귀자고 말을 못 하고 머뭇거리며 하루하루 지나간 세월.

하지만 저는 그이가 아니면 안 되는데, 그런 생각을 지금도 하고 있습니다
7살 차이 연상이라도 의지하고 싶은 사람이니깐요
그래서 이 시집 한 권이 나온 것 같습니다. 연상의 그이를 그리워하면서….

차 례

시인의 말 •5

1부

사랑에 나이가 무슨 대수냐 •14
내 맘 같으면 •16
친할머니 덕분에 •18
연상 여인 좋아요 •20
엄마 같은 존재 •22
누나 같은 존재 •24
집순이 •26
알고 보면 안쓰러운 사람 •28
나한테 배필은 •30
화이트데이 선물 •32

2부

내 가족들의 생각 • 36

연상연하 커플 어때서 • 38

내 인생 간섭 마세요 • 40

볼 일 없어도 그 사람 보러 • 42

쉬는 날 • 44

봄에는 벚꽃구경 • 46

그리운 가족 • 48

나이 떠나 좋아하는 것 • 50

묻지 마세요 • 52

술친구 • 54

3부

사랑의 메아리 •58

크리스마스 때 •60

행복한 점심시간 •62

보면 볼수록 •64

참 순하고 착한 여인 •66

항상 내 꿈속에 •68

단둘만 커피 타임 •70

단둘만의 계곡 가고 싶다 •72

드라이브 •74

마냥 행복합니다 •76

4부

또다시 만나리 ·80
길거리 지나가다 만난다면 ·82
못 참겠습니다 ·84
아침 뜨는 해 ·86
제일 내가 궁금한 것 ·88
내 머릿속에 연상 여인 ·90
언제나 그이는 사랑스럽다 ·92
고백 ·94
가을엔 단풍구경 ·96
나이 불구하고 귀여운 여인 ·98
연예인 사인을 받았습니다 ·100

1부

사랑에 나이가 무슨 대수냐

사랑은 나이 상관이 없다
누군가 사랑하고 행복하면 되는 것
그것이 우리 사는 인생이야

내가 몇 살 차이 나는 여인을 만나도
남들은 2세 걱정부터 하는데
우리는 2세 걱정도 안 하는데
왜 남들이 우리 2세 걱정하는 이유
전혀 이해를 하지 못하겠구나

죽을 때까지 단둘이
행복하게 사랑하며
즐거운 제2의 인생을 살면 되는데

우리는 괜찮은데
다른 사람들이 왜 걱정하는지
우리 사랑하는 동안에
해 주는 게 뭐가 있는지

뭐라도 해 주지 않고
말로만 잔소리 같은 걱정만
이제 우리 사랑은 우리가 알아서

7살 차이 나는 여인이든
10살 차이 나는 여인이든
상관하지 마세요 2세 없어도
그 여인만 같이 살면 좋은 내 인생이니

반면 남자들은 어린 여인을 만나면
걱정보다 대단한 사람으로만 보고 있고
왜 이리 차별을 하는지 모르겠네

어린 여자에겐 나이 차 나는 나그네 만나면
늙은 나그네를 어떻게 같이 살 수 있냐
쓸데없는 걱정 이제는 하지 마시구려

내 맘 같으면

내 맘 같으면
지금도 그 여인 보러 갑니다

연상인 그 여인
같이 시간을 보내고 싶어라

내 맘 같으면
나이만 먹을 뿐이지
어린 마음이 가득 차 있네

내 맘 같으면
내가 좋아한다고
그 말을 하고 싶었는데

마냥 그 연상 여인 생각하면
그냥 행복합니다 말없이
안기고 싶은 맘이 굴뚝…

시간 날 때 명분 없어도
그 연상 여인이 일하는 곳에
그 연상 여인을 보러 갑니다

일하는 곳에서 구내식당
같이 그 여인과 같이 점심을
내 맘 같으면 좋아한다고 말을
목 끝까지 올라갔는데 지금도 말을 못 하네

지금도 그 연상 여인
보고 싶고 그립다

다짐만 지금도 하고 있는데
과연 언제 그 말 언제 할지
내 자신도 모르겠구려

친할머니 덕분에

제가 좋아하는 연상 여인은
요양병원 원무과에 일하는 직원

마침내 우리 친할머니
건강상 불편해서 입원하는데

그 입원 접수해 주는 분도
요양병원 원무과에 그 직원이
대응하는 모습이 너무 착하고

입원하는 동안에
우리 친할머니 보러
항상 인사하면서 이런저런 이야기

그 연상인 여인 이런저런 이야기
더 가까이 친하게 지내고 싶어서
더 말을 걸어보려고 애를 썼구나

같은 동료에게 그 연상 여인
이야기를 들었더니 왠지 더 맘이 가네

참 순한 연상 여인일까
착해서 내 맘이 움직였고

친할머니 덕분에
그 연상 여인 알게 되었더라

지금은 퇴원하는 날
그 여인에게 심심하면
놀러 올게 단 한마디 남기고

또 그 연상 여인 보러
가는 날만 하루하루 보낸다

아름다운 연상 여인 만나러 가시구려

연상 여인 좋아요

나는 연상 여인 좋아요
부모 없이 살아온 나에겐
조모님 밑에 살아온 나에겐
어린 여인보다 연상 여인이
내가 의지하고 살아가는 자체

내가 기대고 싶은 여인이
바로 연상 여인이 그 사람
그래서 좋아하고 사랑합니다

우리 할머니한테 잘 할 여인이니깐
그 분야에서 일했던 그 여인이기에

참 순하고 남들에게 인정받는 여인
직장 동료에게 인정받는 여인

혼자 살고 열심히 살고
그 여인의 가정사도
나하고 공통점이 있더라

그 이야기를 들은 후
저는 그 연상 여인에게
푹 빠져 살고 있구나

그래서 그 여인이 너무 좋아요
내 머릿속에 그 여인이 맴도네

이젠 반드시 사랑한다고
진정 남자로 봐달라고
그런 이야기 하는 날이

지금도 생각하니 마냥 행복합니다
오늘도 연상 여인 보러 가는구려

엄마 같은 존재

엄마 부재인 나에겐
엄마 사랑 없이 살아왔다

엄마 사랑 없이
대신 조모님 사랑받고
살아오는 내가 다른 사람들은
잘 컸다고 이야기를 하지만

이야기하면 할수록
나도 기대고 싶은 맘

엄마 같은 존재라서
그 연상 여인에 빠졌습니다

그 연상 여인도 상처받았고
그 상처 내가 치유하고 싶어라

항상 같이 있고 싶은 연상 여인
연상 여인이 싸준 도시락도
연상 여인이 만들어 준 음료수

그러면서 같이 시간을 보낼 수 있다면
오늘 하루가 행복함 즐거움 가득함

주말에는 손 잡고
어디든지 가고 싶어라

엄마 같은 존재
그 연상 여인과의 멋진 추억

그 연상 여인을 사랑할 수 있다는 게
이제는 당당하게 사랑한다고 말을
나이 차 있는데 불구하고 사귈 의향을
만약에 받아준다면 나는 든든한 벗이 생기는구려

누나 같은 존재

내 가정 인생사 이야기해도
괜찮은 누나 같은 존재

어디든지 그 연상 여인이
있다면 달려갈 수 있는 연하 남자

누나 같은 여인이
항상 알아봐 주라면
열심히 알아보러 간다

내가 아프면
내 옆에서 병간호해 줄 여인

그 연상 여인이 아프면
약이든 어떻게 간병은 내가

연상 여인은
저 멀리서 보면요
사랑스럽게 보이고

일하는 모습에
난 항상 반했고
그 옆에 나도 있고 싶어라

내가 힘들 때
연상 여인이 있어서
내가 고민거리 이야기를

내가 지칠 때
연상 여인의 무릎에
누워 편안하게 잠들고 싶다

내가 살아가는 동기
연상 여인이 있기 때문이구려

집순이

그 연상 여인은
부모님 여의고
그 집에서 혼자 살고

형제는 오라버니와 단둘
그 연상 여인은
교류 없어서 만나는 사람
외롭게 살아오는 연상 여인

혼자인 사람이라서
집에만 있고 집에만 놀고
그런 연상 여인이 이젠
나와 같이 놀러 나가세

어디든지 같이 갑시다
가까운 바닷가 보러 갑시다
그 여인이 손잡고 걸어가고 싶어서

점심시간에는 같이
식당에 가서 점심 먹고

오후에는 같이 영화 보러 가고
그 연상 여인 차로 데이트하고

저녁에는 내가 일하는 곳
같이 있다가 끝나는 시간에는
같이 맥주 한 캔씩 마시며

밤늦게 그 연상 여인과
사랑 이야기를 나누고 싶은데

집순이 연상의 여인을
나를 통해 벗어나게끔
멋진 추억의 여행을 가시구려

알고 보면 안쓰러운 사람

그 연상의 여인은
그동안 힘들게 살아온 사람

그 연상의 여인은
형제는 오라버니 한 분만
독립해서 살고 있고

본인은 비었던 부모님 집
혼자 살고 있는 연상의 여인

연상의 여인의 부모님
돌아가시고 그 연상 여인은
교류 없이 혼자 살아간다

그 이야기를 듣기 전에는
그냥 이야기를 그 여인과의
이야기를 하면서 보냈지만

그 사연을 알고 난 후에는
솔직히 나와 같은 공통점이 있기에

어린 나이지만 왠지
지켜 주고 싶어서
그 연상 여인에게 빠졌구나

나도 부모 없이 살아온 지
30년 넘은 세월을 보냈다

비록 조모님과 살아왔지만
그래도 부모의 사랑은 결핍은
아직도 남았으니 이제는 연상의 여인
사랑으로 제 2인생을 살 것이여

알고 보면 안쓰러운 연상 여인이구러

나한테 배필은

내가 원하는 배필은
그 연상 여인 같은 배필을

내가 힘들 때
내가 지칠 때
울고 싶을 때

나도 연상 여인도
서로 기대고 살고 싶은데

그 여인은 바로
내 앞에 있는 연상의 여인

나한테 배필은
같은 상처 안고 살아온
연상의 여인 바로 당신입니다

그래서 나도 모르게
사랑에 빠지고 좋아하고
그 연상의 여인 보면
더 있고 싶어서 스킨십이라도

볼터치라도 묻지 않았지만
묻은 것처럼 이야기하면서
떼어주는 것처럼 그 연상 여인의
얼굴을 내 손으로 터치해 본다

그 연상 여인이 힘들 때
이유 없이 안아주고 싶어라

아름다운 여인이니깐
사랑스러운 여인이니깐
주말에는 그 여인이 너무 보고 싶어서
내 머릿속에 매일매일 그려보는구려

화이트데이 선물

3월 14일 전에
편의점 앞에 지나가면
내 눈에 보이는 화이트 선물

내 눈에 띄는 화이트 선물
그 연상 여인에게 줄 생각에
내 주머니 돈을 꺼내 구매한다

입원하신 요양병원 우리 할머니
보러 요양병원 가지만 속으로
우리 할머니보다 보고 싶은 연상 여인

한쪽에서 쑥 캐고 있는 연상 여인
말이나 걸어보고 싶어서
쑥 캐는 걸 알아도 뭐하세요 말을 한다

농담 삼아 쑥이 뭔지 아세요 물어보면
웃으면서 쑥이 뭔지 알아요 그 상냥함

오늘 3월 14일인데
화이트데이 선물 받지 않았냐

남자가 없는데 지금 이 나이에
받아 본 적이 없다고 하면서
튕기는 연상 여인의 매력

내 차에 둔 화이트데이 선물
그 연상 여인에게 주니

지금까지 살면서 화이트데이 선물
받아본 것은 처음이라 좋아하는 모습

갈 때마다 조그만한 것이라도
사가지고 그 연상 여인에게 주고
더 가까이 지내고 싶었구려

내 가족들의 생각

내가 7살이든 7살 이상 차이
나는 여인과 만난다면
내 가족들의 생각은 어떨까

내 맘 벌써 연상의 여인에게
조금씩 가고 있는데

그 직장 동료에게 내가
그 연상여인을 좋아하는데
사귀게 된다면 문제 생길까
물어보니 요즘 그런 커플이 있으니

상관없지 않느냐
오로지 사랑하면 되지

과연 내 가족들의 생각도
이 사람들과 같은 생각일까

그러면서 다리 놔달라고
이야기를 해보는구나

먼저 그 직장 동료들과
먼저 친해지면서
점차 그 연상 여인과도
이야기하면서 같이 구내식당에서
점심도 먹으면서 하루하루 보낸다

난 연상 여인이 좋은걸
앳된 모습을 보여주는 여인
우리 할머니 퇴원하는 날
그 연상 여인 나이를 말해보았더니
우리 할머니도 엄청 놀라시는 모습

그 여인 보러 갑니다
명분 없어도 그냥 가는구려

연상연하 커플 어때서

요즘 세상은 다양한 커플
연상연하 커플 어때서

서로 사랑하면 되는데
서로 아끼면서 살아간다

그 반면 연하연상 커플이 어때서
오히려 능력자라며 칭찬하겠지

나이 많은 남자가 10살 이상 차이 난
어린 여인을 만나는 게 대단하고
사랑하고 있다는 게 존경심 가득

하지만 나이 많은 여인과 연애하면
걱정만 가득 한 눈치 본다

2세 생각하면 10살 차이 난
연상연하 커플들은 아니지 않느냐
그런 말 하는 주변 사람들이 있기에

2세 걱정은 당사자인 우리가 하고
행복하고 즐거운 인생을 살고 있는 우리
그 사랑을 응원해 줬으면 좋겠구나

연상연하 커플들이 사랑하면 어때요
2세 걱정되어도 당사자 우리는 괜찮아요

그중 나에게도 해당됩니다
그걸 아니깐 연상 여인을 좋아하는데
과연 사귀어도 괜찮을지 사랑해도 되는지
먼저 앞서 걱정스럽게 생각나는구려

내 인생 간섭 마세요

내 인생 간섭 마세요
내가 사랑하는 사람이니까
연상이든 저에겐 상관없어요

그냥 응원해주세요
우리 사랑을 키우게끔
다리를 놔주시기만 하면요

반드시 그 길을 손 잡고
연상 여인과 같이 걸어가리

내 인생은 내가 살고
그 연상 여인의 인생은
연상 여인이 살아가는 것

그 연상 여인에게도 간섭 마세요
연상 여인이 연하 남자 만나도
응원하고 그 꽃길을 지켜봐 주세요

인생 살다가 후회하는 것이
우리가 후회하는 것이지
당신들이 후회하는 것이 아니기에

그러니 관심은 고맙지만
지나친 간섭은 우리에게
부담이 갑니다

부담 없이 서로 사랑할 수 있게
도와주세요 결혼한다면 오히려
잘 살아보라고 축하만 해주세요

2세 걱정은 당신이 안 해도
우리가 알아서 하겠습니다

연상 여인 있어서 행복함이 넘치는구려

볼 일 없어도 그 사람 보러

그 여인이 일하는 직장
갈 명분이 없어진 지
꽤 오래되었지만 그냥 갑니다

명분은 솔직하게
그 연상 여인 보러
보고 싶어서 갑니다

하필이면 그 옆에 재가센터는
우리 할머니 다니는 곳이기에

재가센터가 갔다가
가기 전 그 옆으로 발길 돌려
연상 여인이 일하는 직장으로

한 번이라도 얼굴 보고 싶어서
다른 직원과 놀려고 갑니다
놀다 보면 그 여인을 만날 수 있기에

보고 싶어서 힘들었습니다
내가 가고 싶었는데 명분 찾기 위해

이렇게 저렇게 해봅니다
그 직장 동료 전화해서
도와줄 일을 찾을 정도이기에

보고 가면 오늘 하루가
뭔지 잘 풀릴 것처럼
하루가 기분이 업이 됩니다

연상 여인은 해피 바이러스
그런 매력이 있기 때문에
오늘도 연상 여인 보러
그곳에 다시 가는구려

쉬는 날

어떻게 하다 보면
쉬는 날 뭐할까

연상 여인은 근무하고
나는 쉬는 날 딱히 갈 데 없다

점심 시간 다가오고
점심 먹기 좀 그래서

하루 종일 연상 여인과
같이 보낼 수 있는 하루이기에

재가 센터 갔다 오는 길에
연상 여인 얼굴 보기에
지금 그 여인 보러 갑니다

연상 여인에게 커피 한 잔
타 주는 것을 마시고 싶어서
왔다고 능청 떨며 시간을 보낸다

쉬는 날이지만
그냥 행복합니다
쉬어서 행복한 것이 아니라
연상 여인을 볼 수 있어서
즐거운 인생을 살고 있는 것처럼

다음 쉬는 날에도
연상 여인 보러 갈 준비
그땐 뭘 사가지고 갈까

연상 여인 생각에
너무 행복합니다
그 얼굴이 맴돌고 있구려

봄에는 벚꽃 구경

항상 혼자인 연상 여인
시간을 내서 같이
봄에는 벚꽃 구경

4월엔 벚꽃이 활짝 핀 것을
연상 여인과 같이 손 잡고
그 길을 걸어가면서 이런저런
사진 찍고 저 아름다운 저수지 보며

시간을 가는 줄 모르게
가다 보면 식당에서 벚꽃을
맛있는 음식 넘쳐 있더라

3일 동안 열리는 벚꽃 축제
행사장에서 같이 보내면서
행복한 일상을 같이 보내세

벚꽃 지기 전에는
멋진 추억 남기고
멋진 후회 없는 일상을

이 날 지나가면
다시 일상으로 돌아가리

그땐 그 사진 보며
힘들었던 시기에
다시 웃게 만들 사진 한 장을

5월에는 가정의 달
재미있는 행사 기간이오니
연상 여인과 갈 곳은
너무 많아서 쉬는 날이
많이 있으면 좋겠구러

그리운 가족

연상 여인에게
항상 그리운 가족

연상 여인에게는
가족 관련 아픔이 있으니

연상 여인에게
가족이라면 오로지
오라버니 한 분만이 가족

이젠 그 가족 안에
내가 들어가고 싶어라

그리운 가족엔 내가 들어가
나의 가족도 있고 연상 여인
든든한 버팀목이 되어주고 싶어서

그래서 내가 연상 여인을 좋아하는 이유
연상 여인의 상처에 연고를 발라주고 싶네

우리 가족들과 같이 시간을 보내서
그리운 집밥을 같이 먹으면서
이런저런 이야기를 이런저런

그리운 가족끼리 모여서
같이 여행도 연상 여인과 함께

그런 날 반드시 올 것이다
멋진 가족 멋진 가정을 만들 것이오

연상 여인의 행복 웃음이 넘치는 삶
그 삶을 만들어주고 싶었구려

나이 떠나 좋아하는 것

나이 떠나 좋아하는 것
비싼 명품 가방이 아니며

나이 떠나 좋아하는 것
비싼 외제차 아니여

오로지 그 옆에 같이 있는 것
같이 밥 먹고 같이 놀고
나이 떠나 좋아하는 것이다

내 맘 담은 선물이라면
나이 떠나 아이처럼 좋아한다

지나가던 꽃집에 꽃을 사가지고
연상 여인에게 주면 좋아하고
당신 닮은 꽃을 주면 행복함

내가 누군가 사랑하고
내가 누군가 버팀목이 있다는 걸
연상 여인에게 알게 하는 것이니

길거리 지나가다 보면
인형 뽑기방에 들어가
딱 뽑기 좋은 인형들을 보면

나는 그냥 지나치지 않는다
반드시 얼마라도 넣어
이쁜 인형을 주면 좋아한다

나이 떠나 여자는 여자입니다
나이 떠나 남자는 남자입니다
좋아하는 것은 나이 떠나
다 있다 비슷한 것을 좋아하는구려

묻지 마세요

누군가 연상 여인에게
나이를 물어봅니다

근데 내가 나서서
그런 걸 묻지 마세요

연상 여인의 정보는
내가 다 알고 있으니
아는 자의 여유가 넘친다

그리고 연상 여인은 내 여자니까
다른 사람들이 관심 가지면
왠지 내가 불안 나이 차가 있으니

자기보다 나이 별로 차이
안 나면 어떻게 하는지
나만의 걱정 태산이로다

방어하러 연상 여인 옆으로
그런 말 물어볼 것이라면
묻지 마세요 제지하고

연상 여인은 나만 알고 있고 싶어라
내가 사랑하는 연상 여인이니깐

연락처도 묻지 마세요
집 주소 묻지 마세요
연상 여인의 나이 묻지 마세요

지금도 그 여인만 생각나고
밤 혼자 있는 시간에는
오로지 그 여인의 얼굴이
내 머릿속에 계속 맴돌고 있으니

마냥 행복하고 웃음이 나오는구려

술 친구

연상 여인과 시간이 나면
단둘만의 술 친구로
이런저런 이야기 하면서

연상 여인이 함께
술 친구 되어
심심하면 부르면
제가 먼저 나가서

술 마시면 연상 여인
더 여성스럽게 보일 수 있고

술 마시면 연상 여인
아름다운 달콤한 술을
사랑스럽기에 행복합니다

외로운 연상 여인이
연락 주고 받을 사람이
바로 나라면 얼마나 좋을까

내가 무슨 일 하다가도
다시 그 여인 만나러
편의점에서 캔맥주밖에

그렇게 같이 있을 시간을
연상 여인과 보낼 수 있으니

그 여인 받은 스트레스
나한테 하소연하면요
반드시 받아줄 수 있더라

그런 술 친구로 남고 싶었네
즐거운 하루 행복한 하루
멋진 하루를 술 친구로 남고 싶구려

사랑의 메아리

오늘도 연상 여인 생각하며
야산 조깅하면서 올라간다

야산 정상에서
실컷 이름 석 자 불러본다

내가 좋아하는 연상인 여인
내 머릿속에 맴도는 세글자

저 끝에 울러 들리는 메아리
사랑의 메아리가 들린다

야산에서 내려가면
그냥 행복함 안고
하산하는 길 그래도
연상 여인 그리움 안고

다음에는 연상 여인과 같이
손 잡고 이 야산 정상까지
같이 올라오는 날만 기다린다

그만큼 사랑하는 내 맘을
저 산 정상에 메아리로
내 맘을 담아보세

내려오는 길에 약수터에서
서로 시원한 물 한 바구니

저녁에는 저물어 가는 해
산 정상에서 노을 최고 좋구려.

크리스마스 때

솔로 지내온 지
나도 오래되었다

혼자 남은 연상 여인도
교류 없는 연상 여인도
외롭게 지내온 세월

이젠 그 빈 자리를
서로 챙겨주면서
12월 25일엔 같이 보내고 싶다

12월 24일 저녁에는
같이 저녁 먹으면서
서울 광장에 크리스마스 트리에서
같이 추억의 사진 한 장 찍고

12월 25일에는
같이 시간을 보내고
행복한 연상 여인의 행복함
즐거운 연상 여인의 사랑스러움

또 다음 해 12월 25일도
그 여인과 같이 보내고

연상 여인의 달콤한 술
마냥 생각하니 행복합니다

연상 여인 함께 하는 시간
다시 생각해 보아도 멋진 하루
후회 없는 세상 살고 있구려.

행복한 점심시간

오늘 점심시간
뭐 먹으러 갈까

좋아하는 연상인 여인과
뭘 먹으러 갈까

아침부터 머릿속에 맴돌고
같이 점심 먹으면서
행복한 점심시간이네요

하루 양식 먹으러 가고
하루 중식 먹으러 가고
하루 한식 먹으러 가고

짧은 점심 시간이지만
그래도 상관이 없이
난 기분이 너무 좋아라

연상 여인과 보내는 시간
그리고 같이 사무실 복귀
단둘만의 짧은 드라이브도

간단한 데이트 즐길 수 있으니
오늘 오후에는 마냥 좋게 보낸다

내일 점심은 또 뭐 먹을까
저녁에는 그 생각에 잠을 설친다

이제는 연상 여인의 일터 있는
구내식당에 같이 점심 해결
사무실에서 단둘이 시간을 보내세

아무리 생각해봐도 기분이 좋아요
얼굴이 후끈후끈할 정도
몸 둘 바 모르겠구려

보면 볼수록

보면 볼수록
귀여운 연상 여인

보면 볼수록
사랑스러운 연상 여인

보면 볼수록
나이 비해 앳된 모습

그러니 내가 그 매력에
연상 여인에게 환장하게 빠진다

보면 볼수록
내 발걸음은 당신 있는 곳

보면 볼수록
가기 전 조그마한
선물 사러 가게 들어가네

연상 여인인데 어찌
사랑에 미쳐 또 미쳐 있구나

그 옆에 앉아서
연상 여인 보기만 해도
마냥 이유 없이 기분이 좋습니다

애교 많은 연상 여인이니깐
말만 해도 내 맘 녹는다

내일도 보러 간다
모레도 보러 간다
주말에도 보러 간다

한 번이라도 보지 못하면
내가 미쳐 버릴 정도 변화가 오는구려

참 순하고 착한 여인

내가 연상 여인을
사랑하게 되었는가

내가 연상 여인에게
더 가까이 가고 싶을까

몇 마디 이야기할 뿐인데
참 순하고 착한 여인

남들에 비해 상처 있는 가정사
그래서 내 맘이 울었도다

그래서 연상 여인을 내가
지켜주고 싶은 맘 생겨서

나와 공통점 있는 것이 보여서
더 가까이 가고 싶고
더 친해지고 싶어서
그런 매력에 홀딱 반했구나

나한테 맞는 배필이라
그런 배필 또 어디서 만날 수 있을까

이 연상 여인이지만
나이 차 좀 나더라도
내가 행복하면 되고

우리 사랑하는 사이가
행복하고 즐거우면 되니깐

남들의 인식 없이
사랑을 키워가면서
멋진 하루 같이 보내고 싶구려

항상 내 꿈속에

오늘 하루 보내고
피곤한 몸 안고
침대 누워 잠든다

몇 시간 후에
달콤한 꿈속으로
누군가 날 인도하네

내 꿈속에
누가 나한테
환하게 손 흔들며
밥상 차려주는 연상 여인

바로 내가 좋아하고
바로 내가 사랑하는
당신이 내 꿈속에 나온다

세상에서 하지 못한 일을
미련이 남아서 꿈속에서
세상에서 하는 일상을
꿈속에서 데이트하며 보낸다

눈 뜨면 벌써 아침 7시 50분
벌써 밥 얼른 먹고 출근해야지

잠귀 어둔 나에게
잠돌이 되게끔 한 연상 여인
뭐든지 다 변화를 준 사람이기에
절대로 놓치기 싫고 잡고 싶구려

단둘만 커피 타임

단둘만 커피 타임
다른 사람 없이
오로지 단둘만 시간을

내가 연상 여인 커피 타주고
연상 여인은 나한테 주면서
쉬는 시간에 음미하며 마신다

같이 있는 자체가 행복한 내가
무슨 말을 하오리까

길거리 지나가다 만나면
모르는 척 말고 알은척해서
같이 커피숍에서 단둘만 시간을

커피 한 잔 여유로
서로 안부 물으면서
오늘 하루를 또 지나간다

공원에서 연상 여인과 손 잡고
한 손엔 커피 들고 길을 걸으면서
벤치 앉아 기대고 그런 힐링을

단둘만의 시간 자체
커피타임이든 밥 먹는 시간이든
상관없이 그냥 좋습니다

같이 여행도 가고
같이 가까운 거리라도
단둘만의 시간을 보내고 싶구려

단둘만의 계곡 가고 싶다

더운 여름에 이겨내고 싶다
더워서 살기 싫을 정도
너무 더운 날씨에 땀 주룩주룩

단둘만의 계곡 가고 싶다
단둘만의 계곡에서 물놀이하고
단둘만의 계곡에서 발만 담그고

시원함 만끽하면서
무더위 여름 지나가길 바랄 뿐

시간이 가는 줄 모르고
저녁엔 펜션에 단둘만

밥 먹고 같이 티비 보며
하루 어떻게 보내는지

다음 날 아침에도 단둘만의
계곡에 오전까지 담가
시원함 만끽한 후

하산 후 식당에서 단둘이
점심을 먹으며 다시 우리가
살던 지역으로 돌아오는 길

그래도 피곤함보다 행복합니다
그 이유는 오로지 연상 여인 같이

손 잡고 같이 차 속에서 잠들고
잊을 수 없는 하루 보냅니다

며칠 지나도 기억에 남겠네
행복했던 연상 여인의 모습
멋진 하루 멋진 일주일 금방 가는구려

드라이브

운전은 연상 여인이
운전대 잡고 난 조수석에

드라이브 가기 전에
편의점에서 먹거리 사고

열심히 운전하는 연상 여인
내가 해 줄 수 있는 음료수 전달

창밖에 보이는 바닷가 보며
저 넓은 바닷가처럼 끝이
안 보이는 만큼 연상 여인을
지켜주고 사랑할 수 있을까

상처 주지 않고
오로지 당신만 보고
살아갈 수 있을까

잠시 모래사장에서
사뿐히 손잡고 걸으며
바닷가 냄새 맡고
갈매기 소리 듣고
갈매기 간식도 주면서

다음에는 내가 운전수
당신은 조수석 태우고

또 다른 바닷가 통해
드라이브 즐기며 행복함
우리들만의 힐링 원합니다

나의 멋진 좋은 날
연상 여인과 같이
드라이브하는 날
제일 내 가슴에 남는구려

마냥 행복합니다

그저 웃기만 하고
내가 이상한 사람이 되었다

그 이유는 오로지
사랑스러운 연상 여인 얼굴
그리워하며 그냥 혼자 웃으니

남들이 날 정신이 이상한 자로
좋은 일 있냐고 물어보면
나는 그저 답변은 하지 않고
그저 웃기만 한다

오늘 마냥 행복합니다
오늘 마냥 즐거운 하루입니다

내 옆에 나 혼자이어도
난 항상 내 머릿속엔
오로지 내가 사랑하는 연상 여인

연상 여인 한 사람 때문에
난 이상한 사람이 되어버렸고

연상 여인이 있는 자체
행복합니다 사랑하니깐
행복합니다 같이 있으니깐

오늘도 내일도
일주일도 한 달이어도
여전히 변함없는 연상 여인 덕분

힐링을 주는 나의 모습
마냥 행복합니다
몇 년 지나도 연상 여인만
그런 기분인 것 같구려

4부

또다시 만나리

요양병원 입원한 지
시간이 흘러 세월이 흘러
친할머니 퇴원하는 날

친해지려고 했는데
이젠 다시 헤어져야 하니
참 아쉽고 그리움만 안고

연상 여인 맘이 가고 있는데
언제 볼 수 있을까

하지만 또 다시 만나리
꼭 요양병원 아니라
밖에서 만날 수 있으니

그땐 서로 모르는 체 말고
알은척해서 서로 안부 통해
환한 웃는 모습을 또다시 보고 싶어라

그동안 나에겐 오로지
연상 여인이 그리움 안고
연상 여인이 얼굴이 그려진다

또 만나면 얼마나 반가울까
그런 생각 하니 자체가 행복합니다

또 만나면 얼마나 반가울까
그런 생각 하니 그땐 놓치지 않으니

그만큼 그 매력에 빠져서
내가 헤어 나오지 못하는구려

길거리 지나가다 만난다면

다른 곳에서 만난다면
내가 연상 여인을 알아볼까

다른 모습으로 지나가면
알아보지 못한다면
인사도 못 한 채 지나간다

길거리 지나가다 만난다면
더 행복할 것 같다
우리가 살고 있는 곳

점심 시간 전에
길거리에서 아름다운 여인
길거리에서 사랑스러운 여인
점심 약속 없다면 나와 같이

오후에 길거리에서
차 한잔하며
이런저런 이야기 하고

항상 봤던 곳이 아니라
새로운 장소에서 만나면
더 반가울 것 같고
사람들의 심리는 다양함 넘친다

행복합니다 오늘도
연상 여인 내가 보았으니
건강해 보여서 안심되고
좋은 일 있어서 보기 좋으니
내 맘이 평온함이 넘치는구려

못 참겠습니다

우리 할머니 요양병원
입원하실 때 보러 가는 길

몇 마디 주고 받을 뿐인데
내 마음이 왜 그럴까

이젠 못 참겠습니다
나이 차이 있더라도
난 연상 여인한테 넘어간다

하루 지나가고 또 하루 가면
반드시 속으로 못 참겠습니다
나이 차이가 나지만 불구하고
나와 사귈래요 그 말 한마디
반드시 하겠다고 내 자신과 다짐

친할머니 입원하면서
친할머니 보러 간다고 하지만
남들에게 그렇게 이야기한다

근데 솔직히 할머니보다
연상 여인 보러 간다

할머니 얼굴을 잠시 보고 내려와
나머지 1시간 2시간은 오로지
연상 여인과의 대화로 보내고

퇴원하면 아쉬움 남긴 채
할머니 모시고 가는 길
말이라도 연상 여인에게
심심하면 놀러와도 돼요
그 말을 던져 보는구나

내가 휴무 날이면 못 참겠습니다
연상 여인 보러 가는구려

아침 뜨는 해

해 뜨기 전에
나는 새벽 바람 마시며
내가 믿는 기독교 신자로서
교회 가며 새벽기도 드린다

나의 새벽기도 제목이 뭐냐면
다른 사람도 아닌 오로지
연상 여인 위해 기도를 합니다

그 연상 여인을 나의 배필로 주라고
내가 믿는 주님께 매달려 본다

내가 행복하게 잘 살 수 있기에
주님께 새벽기도 하러 가는 낄
연상 여인 위해 기도하며
좋은 일만 있기를 기도한다

그 뒤로 서서히 아침 해가 밝아온다
그 아침 해 보면서 등산하면
아침 해가 너무 아름다운 모습
내 눈으로 볼 수 있으니 행복합니다

아름다운 모습을
아침 해가 밝아오는 모습
연상 여인을 보는 것처럼
내 눈이 힐링되는 것 같구나

이젠 연상 여인과의 손 잡고
일찍 새벽 잠 깨어
같이 손잡고 아침 해 보러
좋은 것만 보여주고 싶은 내 맘

등산은 힘들지만 전망은 좋으니
그 모습을 이젠 같이 보았으면 좋겠구려

제일 내가 궁금한 것

그동안 어떻게 지냈는지
궁금합니다

부모님 돌아가신 후
혼자 살아온 연상 여인

어떻게 버티면서 살고 있는지
제일 내가 궁금합니다

연상 여인에 대한 모든 것
더 알고 싶어서 궁금합니다

연상 여인 이야기를
가만히 들으면서

내가 연상 여인 위해
무엇을 할 수 있는지
도와주고 싶은 것이 있으면
내가 대신 발 벗고 나서고 싶어라

그래서 연상 여인 대한
내가 제일 궁금한 것
어떻게 물어보기 위함이요

내가 위로해 줄 수 있는 것
위로해 주고 싶은 연상 여인 맘

그 옆자리는 내가 있으면
얼마나 좋을까

내 옆에는 항상
연상 여인의 자리가 있으시구려

내 머릿속에 연상 여인

항상 내 머릿속에는
몇 주 지나도 맴돌고
잊지 못하는 연상 여인

사랑스러운 여인이라서
아름다운 여인이라서
나이 비해 앳된 여인이라서
그냥 옆에 지켜주고 싶은 사람이니까

그래서 다른 사람도
내 눈에 들어오지 않는다

오로지 지금도
내 머릿속에 연상 여인
나이 차가 있는데 불구하고

가끔씩 내가 고백하는 설계도를
받아줄까 거절할까 그런 생각도 하며
하루하루 일상을 보낸다

당직 서는 날에는
혼자 우연히 앉아 있는데
환상처럼 연상 여인만 보이네

한 번이라도 내가 일하는 곳
말없이 연상 여인이 온다면
난 무척 어린아이처럼 좋아할 텐데

점심도 혼자 먹기 싫은데
몰래 온다면 같이 점심 먹고
같이 놀고 내 할 일 다 하고
오늘 하루 금방 갈 것 같구나

지금도 내 머릿속에는
오로지 연상 여인일 뿐이구려

언제나 그 여인은 사랑스럽다

그 여인 나이대로 보이지 않아
언제 그 여인은 사랑스럽다

내가 사랑에 빠졌다
내가 그 여인 매력에
미칠 정도 빠져 들어간다

연상 여인 있는 직장
내가 갈 명분이 없어도
있는 것처럼 과장하여
그 연상 여인 보러 간다

멀리서라도 보기 위해
다른 직원들과 놀면서
저 멀리서 보이는 연상 여인

언제나 사랑스러운지 모르겠다
언제나 나이 비해 귀여운 여인

그런 생각에 행복합니다
하루가 즐겁게 느껴집니다

뭘 하는 모습 보아도
사랑스럽게 보이는지

웃는 모습 보면 나도 웃는다
웃는 모습 보면 나의 행복함
그 여인이 내 여인이었으면 좋겠구려

고백

연상 여인을 사랑합니다
정식 만나자고 이야기를
해보고 싶은 생각 굴뚝

그 연상여인 앞에서
주룩 되는지 말을 못하고
그냥 하루가 마무리가 되네

하지만 사랑스러운 연상 여인
마냥 행복하고 또 보고 싶어라

고백을 해야 하는데
선물 하나 사 가지고
말 한마디 연락처 알려주세요

심심하면 연락하게요
그 연상 여인은 내 번호
비싼 번호라고 밀당하는구나

다음 주에 심심해서 명분으로
연상 여인 일하는 직장에 간다

말할 틈을 본다
고백할 말을 할 기회

아니면 편지를 쓸까
그런 생각도 해본다

내 맘 표현을 해야 하는데
목까지 올라오는데 딱히
말을 못 하는 나의 신세
미치고 환장할 노릇이구려

가을엔 단풍 구경

10월이 다가오자
더운 무더위 지나가고
시원한 가을이 온다

가로수엔 단풍잎이 물들이고
우리를 반겨 줄 준비한다

그 가로수 길을 지금까지
혼자 걸어 다니고 그랬지만

언젠가는 연상 여인과 함께
단풍잎 물들이는 거리로
손잡고 걸어가는 날이 오겠지

사랑은 엔돌핀이 넘치면
행복함이 넘쳐서 직장생활도
즐거움이 넘쳐서 사회생활도
누가 뭐라 해도 웃으며 반기네

연상 여인과 같이 밥 먹고
가을엔 어딜 갈까 그런 이야기

어디 가면 단풍 축제 가고
같이 시간을 보내고 그런 날
꿈인가 생시인가 나한테 그런 날이
아무리 생각해서 실감이 나지 않는구나

연상 여인 덕분에
내 인생이 활짝
힘들어도 여인 생각만
그래서 행복한 남자이구려

나이 불구하고 귀여운 사람

나이 불구하고 귀여운 사람
나이 비해 앳된 모습 보인다

나도 처음에 보는 순간
나보다 어린 여인으로
말 놓은 큰 실수 한 적 있는데

나중에 알고 보니
나보다 많은 연상이라는 걸

우연히 듣게 된
연상 여인의 속사정을
그래서 내가 관심 갖게 된다

나이 불구하고 사랑스런 사람
나이 불구하고 귀여운 사람
이야기를 더 주고받고 싶어라

떨어지기 싫을 정도
연상 여인과 같이 시간을 보내고
연상 여인이 일 끝날 때까지
그 옆에 앉아서 같이 있고 싶은데

도와줄 것이 있다면
내가 옆에서 도와주고
그런 사람으로 보게끔
나는 주변에 어슬렁어슬렁

왠지 놓치고 싶지 않는
연상 여인 기대고 싶은 마음
지금도 굴뚝 그런 생각에 빠지는구나

오로지 연상 여인만 모른다
지금도 제일 보고 싶은 사람
바로 연상 여인이구려.

연예인 사인을 받았습니다

살다 보니 저에게도 이런 날이
연예인 사인을 받았네

받을 때 내가 아끼는 그이
받아주고 싶은 마음 품고 있는 날

마땅 받으려고 뭐라고 꺼내면서
다가갈까 고민하다가 직장동료한테

내가 당당하게 받았으면
내가 좋아하고 그립고 생각 나는 그이
한 장 사인을 받을 텐테 아쉬움 있다

다음에는 촬영한다면
그때는 그이 몫까지
연예인 사인을 받아야지
그런 생각을 하루하루 지내면서
지금도 머릿속 맴돌고

지금 방영하는 드라마 보면서
그 연예인 사인을 받았아야 하는데
내가 좋아하는 그이의 이름 된 사인 한 장.

또 언제 그날이 올까
지금 내 방 정리 하다 보니
연예인한테 받은 사인 한 장
내 이름만 없으면 그이한테 주었는데

하필이면 그 사인 받은 종이엔
내 이름이 적혀 있으니
내 자신이 한심스럽구려..